EXPOSÉ
DE LA CONDUITE
DE M. SANTO-DOMINGO,

Commandant le vaiſſeau le Léopard, *en ſtation à Saint-Domingue.*

L'EMBARQUEMENT ſpontané de l'Aſſemblée Générale de Saint-Domingue, & ſon arrivée en France au milieu des agitations de cette révolution, ne ſera pas l'évènement le moins frappant de ceux qui l'auront ſignalée; mais ce qui rendra cet évènement intéreſſant aux yeux de l'humanité, ce ſont les motifs qui l'ont décidé.

Comme le haſard m'a fait preſque ſubitement le Commandant du vaiſſeau le *Léopard*, qui a porté en France l'Aſſemblée Générale, il eſt important que ma pâtrie, à qui je dois compte de ma conduite, ſache l'apprécier, & je vais détruire, par une expoſition claire

A

& précise des faits, l'injuste prévention que l'ignorance ou la malignité peuvent avoir élevé contre moi.

Dans l'exposé succinct de mes actions, depuis le moment que je suis devenu le chef du vaisseau, jusqu'à celui de mon arrivée en France, je promets franchise & loyauté. Ce sont les deux qualités que l'on a droit d'attendre d'un militaire. Je ne demande qu'à être entendu & jugé d'une manière positive.

Il faut, pour remplir ma tâche, que je parvienne à prouver les quatre points principaux qui établissent ma justification de la manière la plus complette.

1.° Que j'ai dû me charger de la conduite d'un vaisseau, dont le Capitaine lui-même déclaroit ne plus vouloir conserver le commandement.

2.° Que je ne pouvois, sans exposer la Colonie de Saint-Domingue aux plus grands malheurs, laisser ce vaisseau à la disposition d'un des deux partis contre l'autre.

3.° Qu'en recevant à mon bord l'Assemblée Générale, qu'on disoit être l'occasion des troubles qui agitoient la Colonie, j'ôtois aux mal intentionnés, celle de les perpétuer.

4.° Enfin, que l'évènement a prouvé non-seulement que j'ai dû agir ainsi, mais de plus qu'en me conduisant différemment, je serois devenu responsable des désastres qui se préparoient dans la Colonie.

Le vaisseau le *Léopard*, sous les ordres de M. de la Galissonniere, commandoit nos forces navales à Saint-Domingue. Second Capitaine, j'étois occupé des détails que ma place m'imposoit, lorsque la révolution, qui s'opéroit dans la Colonie, comme en France, occasionna une division d'opinions, entre les habitans, le gouvernement & ses partisans, principalement dans la ville du Port-au-Prince où nous étions stationnés.

Les uns attachés à l'ancien gouvernement voyoient avec peine le nouvel ordre de choses que l'on vouloit établir, les autres persuadés que la régénération ne pouvoit s'opérer sans sapper les abus dans leurs principes, croyoient n'y pouvoir parvenir qu'en renversant l'ancien régime. De ce conflit d'opinion & de mouvement, la présence d'un vaisseau formidable dut inspirer nécessairement à chacun des deux partis le desir d'en être aidé contre les prétentions de l'autre.

Des fêtes & des repas furent donnés par M. Mauduit aux soldats du régiment du Port-au-Prince, les Canoniers du *Léopard* y furent invités, & refusèrent constamment d'y prendre part. La vue des préparatifs hostiles que faisoit paroître le gouvernement, fit naître des inquiétudes parmi l'équipage du vaiſſeau, & la fermentation y fut extrême, lorſqu'il apprit qu'ils ſe dirigeoient contre les partiſans de la nouvelle conſtitution.

M. de la Galiſſonniere crut devoir éloigner le *Léopard*, il ſe rendit à bord & donna l'ordre de mettre à la voile. L'équipage refuſa d'obéir, alléguant que la ville du Port-au-Prince étant menacée, l'on devoit ſe ſervir des forces du vaiſſeau pour la ſecourir; à quoi il fut répondu que deux partis diviſoient la ville, celui de l'Aſſemblée Générale, dont les pas tendoient, diſoit-on, à l'indépendance, & celui du gouvernement & de ſes partiſans, qui cherchoient à l'empêcher. Eh bien! répondit l'équipage, *ſi tel eſt le projet de l'Aſſemblée Générale, il faut reſter pour conſerver la Colonie à la France.* M. de la Galiſſonniere, n'ayant pu décider l'équipage au départ qu'il propoſoit, quitta le bord & ſe rendit à terre.

Le ſoir de ce même jour 29 Juillet 1790, je deſcendis à terre, afin de connoître plus particulièrement les intentions du Capitaine, & je me diſpoſois à retourner à bord, lorſqu'il m'ordonna de reſter & de coucher à terre. Surpris de recevoir un ordre contraire aux ordonnances, je demandai inſtamment à M. de la Galiſſonnière qu'il voulut bien me le donner par écrit, pour justifier mon obéissance ; il me le promit sur sa parole d'honneur, & me le donna le lendemain. Cette nuit du 29 au 30 Juillet est remarquable par l'attaque du corps-de-garde des citoyens, entreprise qui avoit, dit-on, pour objet d'enlever quelques membres du comité du Port-au-Prince, qui tenoit ses séances au-dessus de ce poste. Cette attaque coûta la vie à plusieurs citoyens. A la nouvelle de ce triste évènement, l'inquiétude & l'agitation furent portées à leur comble à bord du vaisseau. Le lendemain matin l'équipage envoya prier M. de la Galissonniere & tous les Officiers de revenir à bord.

Il me fit appeller, me dit qu'il n'iroit pas, qu'il falloit que j'y fusse, que si l'équipage vouloit rentrer dans le devoir tout étoit oublié. Il demandoit de plus qu'on lui envoyât les six premiers maîtres ; mais les raisons de défiance s'étoient accrues par l'expédition nocturne de M. Mauduit, Colonel du régiment du Port-au-Prince, contre le comité, & l'équipage rejetta cette demande, soupçonnant qu'on vouloit lui enlever ses chefs. L'avis général fut de faire à M. de la Galissonniere une seconde sommation par écrit, de revenir prendre son commandement. Enfin, sur le refus réitéré de M. de la Galissonniere de recevoir la proposition qui lui étoit faite, l'équipage crut

+ & à laquelle j'ajoutai aussi mon invitation particulière et pressante

devoir conférer le commandement à un autre Officier. C'eſt alors qu'il me pria très-inſtamment d'en prendre le commandement, & me nomma Capitaine. Que devois - je faire ? Refuſer, c'eut été accroître la fermentation, & l'on ſe repréſente aiſément les triſtes effets qui auroient pu en réſulter, ſur-tout à bord d'un vaiſſeau.

Mon devoir, comme ſecond du vaiſſeau, & l'intérêt de la choſe publique, m'obligeoient d'accepter ce poſte; en condeſcendant au vœu de l'équipage, je me propoſai de mettre la plus grande modération dans ma conduite.

Sur l'extrême deſir qu'ils me témoignèrent tous de retourner en France, j'y conſentis. J'allois ramener un vaiſſeau, dont la préſence loin d'être utile à la Colonie, ne faiſoit qu'entretenir les eſpérances ou les craintes du gouvernement & des habitans. M. de la Galiſſonniere lui-même ſentoit combien ce parti devenoit néceſſaire, puiſqu'il mandoit à M. le Tendre, Sous-Lieutenant de vaiſſeau, qu'il croyoit Capitaine, par le choix de l'équipage, de ramener le vaiſſeau en France, qu'il rendroit un ſervice eſſentiel à ſa Nation dont elle lui tiendroit compte. Ainſi placé entre les ordres du Capitaine & l'intention de l'équipage, qui s'accordoit à vouloir la même choſe, j'aurois, pour juſtifier mon retour en France, les raiſons de l'obéiſſance, & la loi impérieuſe de la néceſſité. Une ſeule tentative militaire, un ſeul coup de canon de la part du vaiſſeau, pouvoit déſorganiſer, dans un moment, la plus belle Colonie Françoiſe, livrée alors à toutes les fureurs de partis. L'éloignement du *Léopard* devenoit d'autant plus indiſpenſable, qu'avec l'effervescence qui régnoit dans les eſprits, il eut été de toute impoſſibilité qu'il eut conſervé une neutralité parfaite. J'ordonnai donc d'appareiller, & auparavant je fis mettre les effets du Capitaine & des Officiers à bord d'une goëlette. J'allois y faire mettre auſſi les papiers de M. de la Galiſſonniere, l'équipage s'y oppoſa. Mais à peine quittions nous la rade du Port-au-Prince, que l'équipage demanda hautement de paſſer par Saint-Marc; j'y conſentis, & c'eſt cette démarche qui, aux yeux de mes accuſateurs, eſt devenue mon crime capital. Vous qui jugez les actions de vos ſemblables, voulez-vous être juſtes? Commencez par vous tranſporter, en idée, dans la poſition & les circonſtances où ils ſe ſont trouvés, péſez dans la même balance les avantages & les inconvéniens du parti que vous auriez pris à leur place, & vous ne craindrez point, après la déciſion, les reproches de votre conſcience..... Or, je vous demande de qui tenois-je le commandement du vaiſſeau ? de l'équipage lui - même; je l'ai déjà dit. Cette réponſe devroit être ſuffiſante, & les mêmes motifs qui m'ont fait accepter le commandement, devoient me faire adhérer à ſa demande. Un refus, de ma part auroit peut-être coûté la Colonie de Saint-Domingue à la France, où il y auroit du moins produit les horreurs d'une guerre civile. Je vais le prouver..... A l'époque de ma relâche à Saint-Marc, le gouvernement prenoit les meſures les plus violentes pour diſſoudre l'Aſſemblée Générale qui y tenoit ſes ſéances. Un détachement devoit marcher d'un côté par le Mont Rouis, un autre alloit s'avancer par les Gonaïves, & l'Aſſemblée Générale ſe feroit vue dans la néceſſité ou de ſubir la loi du gouvernement, ou de réſiſter à la force qui venoit l'attaquer. Les partiſans de cette aſſemblée s'étoient rendus en grand nombre à Saint-Marc, & pouvoient rendre le ſuccès pour le moins incertain : des poſtes importans bien garnis, des munitions de guerre diſtribuées par-tout entre les mains des habitans, & leur réſolution unanime de ſecourir de toutes leurs forces & de leur courage, l'aſſemblée de leurs Repréſentans, telle étoit la poſition des deux partis, lorſque le *Léopard* parut devant Saint-Marc.

Le deſir de ſavoir des nouvelles de l'Aſſemblée générale & de prendre ſes paquets pour France, étoit le motif qui avoit déterminé l'Equipage à y paſſer. Etant donc par le travers de Saint-Marc, deux Commiſſaires de l'Aſſemblée générale vinrent à bord pour apporter les ordres du Roi, qui avoient été interceptés aux Cayes, & nous remettre un décret de cette Aſſemblée. Dans ſes dépêches, le Miniſtre de la Marine marquoit à M. de Peynier de ſe guider par le vœu de l'Aſſemblée Coloniale qui auroit été convoquée.

L'Aſſemblée Générale, par ſon décret, m'invitoit à venir mouiller à Saint-Marc, où elle ſe diſoit menacée d'être attaquée par deux armées. Inſtruite par ſes Commiſſaires du dénuement où ſe trouvoit le Vaiſſeau, elle me faiſoit offrir des vivres & des rafraîchiſſemens; comme je n'avois que pour quarante jours au plus de biſcuit, les vins, légumes & ſalaiſons en très-petite quantité, & que l'Equipage ne vouloit pas en aller faire au Cap, ni au Port-au-Prince; craignant trop ces deux Ports, je pris le parti d'y aller mouiller.

Nous étions loin d'eſpérer que notre préſence devant cette Ville dût y devenir auſſi ſalutaire à la Colonie; en effet, le Vaiſſeau, par ſa poſition, en impoſa tellement aux Troupes chargées d'enlever ou détruire l'Aſſemblée générale, qu'elles ſuſpendirent leur marche. (1)

Ce fut alors que conſidérant à quelles extrémités les choſes pouvoient être portées, après notre éloignement de la rade, ſi l'Aſſemblée vouloit perſiſter dans ſes projets de défenſe, que j'accueillis avec empreſſement la propoſition qu'elle me fit de la recevoir à bord pour la tranſporter en France. J'enlevois ainſi avec elle tous les prétextes de diſſentions & d'hoſtilité, & l'événement (ſi l'on jette un regard ſur les ſcènes déſaſtreuſes arrivées à la Martinique) ne doit laiſſer aucun doute ſur la ſageſſe de ma démarche.

Jettons actuellement un coup d'œil ſur ce qui pouvoit arriver, ſi je fuſſe parti de Saint-Marc ſans me prêter aux ſollicitations de l'Aſſemblée Générale.

Son projet, diſoit le Gouvernement, étoit d'établir l'indépendance dans la Colonie. Dans

(1) Extrait d'une lettre de M. Couſtard, Commandant en ſecond du Port-au-Prince, en date du 4 Août, écrite à un de ſes amis, dit : *Sur les nouvelles reçues de Saint-Marc, il ne faut plus que notre détachement qui doit partir le 5, ſonge à s'y rendre par le Mont-Rouis; le vaiſſeau le* Léopard, *mouillé à 150 toiſes du grand chemin & le balayant de la longueur d'une demi lieue, ne permet plus de prendre cette route.*

cette hypothèſe, quels étoient ſes moyens ? ils exiſtoient dans l'Iſle, ou au dehors. Ils ne pouvoient exiſter dans l'Iſle ſans le conſentement général de la grande majorité des habitans ; car, ſans cela, il ſeroit abſurde de croire qu'elle eut formé le projet chimérique & dangereux pour elle d'établir une indépendance contre l'aſſentiment général. Si cette Aſſemblée eut été encouragée dans ſon plan par les habitans de la Colonie, il eſt probable que le Gouvernement n'eut pas été dans cette occurrence en force ſuffiſante pour s'oppoſer à la volonté publique, & dans l'incertitude de l'événement, les ennemis de cette Aſſemblée ne devoient voir ſon éloignement qu'avec plaiſir, puiſqu'elle abandonnoit le champ de bataille. Ils devroient donc me louer du parti que j'ai pris de l'embarquer.

Si cette Aſſemblée fondoit ſon prétendu deſſein d'indépendance ſur des moyens étrangers & contre le vœu des habitans, il ne pouvoit ſurgir de cette contrariété de ſentiment, qu'une affreuſe diſcorde, dont le réſultat devoit être ou la perte de la Colonie ou ſa conſervation ; mais au prix du ſang des Citoyens.

Aſſurément dans une telle perplexité, je le demande, étoit-il une reſſource plus certaine, plus paciſiante que celle de tranſporter en France cette même Assemblée que ses détracteurs citoient comme la seule cause de tous les maux qui alloient fondre sur la Colonie? Je détruisois ainsi les prétendus projets de cette Assemblée, & faisois cesser les craintes du Gouvernement. De quelque manière donc que l'on considère la chose, j'ai produit le bien, puisqu'enlever les prétextes de discorde, c'est rétablir la paix.

Je crois que cet exposé de ma conduite doit me justifier aux yeux de mes ennemis, & je goûte la satisfaction bien douce pour un cœur humain & sensible, d'avoir dissipé des orages dont les effets pouvoient devenir désastreux pour la Métropole elle-même.

J'attends avec résignation le jugement des hommes; mais quel qu'il soit, telle est ma conviction d'avoir rempli mon devoir, que s'il me falloit parcourir encore les événemens par où j'ai passé, je ne croirois pouvoir faire différemment ni mieux.

SANTO-DOMINGO.

PIÈCES JUSTIFICATIVES.

I. « Il est ordonné à M. Santo-Domingo,
» Lieutenant de Vaisseau, embarqué en second
» sur le Vaisseau du Roi, *le Léopard*, de

» rester à terre jusqu'à nouvel ordre, & ce,
» en conséquence d'une délibération prise
» par un Conseil extraordinaire assemblé, tant
» à raison du refus de l'Equipage dudit Vais-
» seau de mettre à la voile, que relative-
» ment à d'autres événemens très-importans.
» Fait au Port-au-Prince, le 29 Juillet 1790,
» à sept heures du soir. *Signé* le Marquis de
» la Galissonnière.

SOMMATION faite par l'Equipage à M. de la Galissonniere, en date du 30 Juillet 1790, à 11 heures du matin.

II. » L'Equipage du Vaisseau n'ayant ja-
» mais manqué à son Capitaine, M. le Mar-
» quis de la Galissonniere, il est par consé-
» quent libre de venir prendre son Com-
» mandement, ainsi que les Officiers de l'E-
» tat-Major prendre leurs places, quoiqu'ils
» les ayent abandonnés sans aucune raison,
» dans un moment des plus critiques; il
» répond d'avoir pour eux tout le respect dû
» à leur grade, leur observant que si ces
» Messieurs ne veulent pas se rendre à bord,
» il est de la dernière conséquence d'élire
» un Capitaine parmi le peu d'Officiers qui
» leur reste pour conserver un Vaisseau qui

» doit être cher à tous les bons François. »

Signé, HILAIRE GODAR, *Maître d'Equipage.*

MATHIEU SIMIER, *Surnuméraire.*
M'OMINO, *deuxième Pilote.*
JARDON, *Maître Canonier.*
BOILEAU, *idem*, *Surnuméraire.*
BLOT, *Maître Calfat.*
LA VOYE, *Maître d'Equipage.*
RAILLARD, *Maître Pilote.*
NOUGUÈS, *Capitaine d'Armes.*

III. EXTRAIT *de la lettre de M. de la Galissonniere, en réponse à celle que je lui écrivois pour l'engager à revenir à bord, en date du 30 Juillet 1790, 11 heures du matin.*

» J'ai reçu votre lettre, mon cher Santo, » je ne me rendrai pas à bord, quoique l'équi- » page paroisse le desirer ; j'ai perdu sa con- » fiance, dès-lors, je ne puis plus prétendre » à le commander. Je ne peux m'empêcher de » donner des éloges sincères à la conduite de » M. le Tendre, dans les circonstances mal- » heureuses où il s'est trouvé. Je connois » comme lui les propos qui ont été tenus à » terre sur son compte. Je ne lui cacherai pas

» que j'ai fait quelques recherches qui m'ont » confirmé dans le sentiment intime qu'il étoit » un zélé serviteur de la Nation & du Roi. Je » sais que l'équipage du vaisseau l'a choisi pour » son chef. Il est de son devoir d'accepter le » commandement qu'il lui défère qu'il con- » duise le vaisseau en France, il aura rendu » un service essentiel à la Nation, & dont cer- » tainement elle lui tiendra compte. Je serois » coupable si, en adhérant à la demande, je » lui donnois un ordre de débarquement, qui » priveroit l'équipage d'un chef très capable » de le conduire.

» Quant à vous, mon cher Santo, pour- » quoi l'équipage vous garderoit-il à bord, » puisqu'il a choisi M. le Tendre pour le com- » mander? J'ose espérer de lui qu'en réfléchis- » sant un peu plus profondément sur le parti » qu'il doit prendre relativement à vous, il » vous permettra de descendre à terre dans » votre pays natal. Je suis avec le plus sincère » attachement, votre ami & camarade, *signé*, » le Marquis de la Galissonniere.

Au Port-au-Prince, ce 30 Juillet 1790, à 2 heures & demi du soir.

Nota. Si M. de la Galissonniere avoit fait attention à la sommation ci-dessus, il auroit vu que l'équipage le regardoit toujours comme ſon Capitaine, qu'il le prioit de retourner à ſon bord ; ce n'eſt même que ſur ſon refus d'y revenir, que la néceſſité d'avoir un chef pour le commander le détermina à s'en choiſir un.

Je certifie que les originaux des pièces ci-deſſus ſont entre mes mains.

SANTO DOMINGO.

De l'Imprimerie de QUILLAU, rue du Fouare, N.° 3. 1791.

www.ingramcontent.com/pod-product-compliance
Lightning Source LLC
LaVergne TN
LVHW010017230826
846092LV00002B/866

9782019634216